LA FÊTE

DES

NOCES D'OR

DE

M. L'ABBÉ MIRAL,

Archiprêtre de Sarlat, Chanoine hon^re de Périgueux, Vicaire général hon^re de St-Denis,

Chevalier de la Légion-d'Honneur,

PAR

M. A.-B. PERGOT,

Chanoine honoraire, Curé-Doyen de Terrasson

27 MAI 1884

Prix : 50 centimes

SARLAT
IMPRIMERIE MICHELET, RUE DE LA CHARITÉ

1884

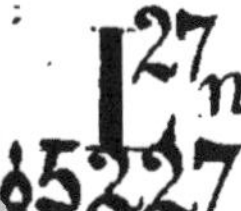

LA FÊTE

DES

NOCES D'OR

DE

M. L'ABBÉ MIRAL,

Archiprêtre de Sarlat, Chanoine honoraire de Périgueux, Vicaire général de St-Denis, Chevalier de la Légion-d'Honneur,

PAR

M. A.-B. PERGOT,

Chanoine honoraire, Curé - Doyen de Terrasson

27 MAI 1884

Prix : 50 centimes

SARLAT
IMPRIMERIE MICHELET, RUE DE LA CHARITÉ

1884

AVANT-PROPOS.

Il a paru déjà de la splendide fête de Sarlat du 27 mai dernier, un premier compte-rendu (1), admirable d'ordre et de narration de bon goût.

On pourrait, semblera-t-il à plusieurs, se dispenser d'en faire un autre. Mais, à cette fête, de belles choses ont été dites qu'on n'a pu qu'indiquer, et dont la reproduction a été demandée; ceux qui les ont entendues désirant les conserver, et ceux qui ne les ont pas entendues désirant les connaître.

Nous avons cru devoir satisfaire à un louable désir en réunissant dans cette brochure et le récit de la fête et les divers discours qui ont été prononcés. Réunis, ils formeront un tout homogène qui aura son intérêt, et que les familles aimeront à conserver. Car la fête

---

(1) Voir le *Glaneur*, de Sarlat, du 1er Juin 1884.

du 27 mai n'est pas de celles qu'on oublie, mais bien de celles dont le souvenir, toujours agréable, se transmet d'une génération à l'autre.

Loin de vouloir condamner à l'oubli le premier compte-rendu qui n'a pu être que provisoire, je le conserve dans toute son étendue ; mais je lui fais de temps en temps des coupures pour y introduire le récit de quelques détails oubliés ou ignorés, et mes propres réflexions ou appréciations, et les belles choses dites, mettant chacune de celles-ci à la place qui lui convient. Et pour laisser à mon honorable et bien-aimé devancier tout le mérite qui lui revient, je distingue par des guillemets les emprunts que je lui fais.

C'était, du reste, convention faite entre nous, et qu'il indique lui-même en parlant d'une brochure à venir. A lui de faire « immédiatement » un rapide récit pour le journal de Sarlat, à moi de faire un peu plus tard un compte-rendu plus détaillé, plus complet dans une brochure plus facile à conserver que le numéro d'un journal.

La pensée de ceux qui ont voulu cette brochure a été d'avoir sous les mains de tous, comme document historique, le récit d'une fête qui vient ajouter une belle page à l'histoire religieuse de Sarlat qui en a tant, déjà, et des plus belles.

En faisant ce travail, j'aime à le dire, je donne satisfaction à la vieille amitié qui m'unit au cher Archiprêtre.

Ayant été par affection le principal promoteur de la fête de ses Noces d'or, il m'est agréable d'en être l'historien.

Je date cette brochure du 13 Juin 1884, quarante-neuvième anniversaire de mon ordination.

A. PERGOT,

Chanoine honoraire, Curé-Doyen de Terrasson.

27 MAI 1884

LES NOCES D'OR

DE

M. L'ABBÉ MIRAL,

Chanoine honoraire, Archiprêtre de Sarlat.

I

« C'est une délicieuse coutume reçue parmi les peuples » catholiques de fêter les Noces d'or des vétérans du » sacerdoce.

» Un jour, un jeune homme s'agenouilla sur les » marches du sanctuaire. Il avait dit adieu à ce qu'on » est convenu d'appeler les joies de ce monde. Il avait » émondé son cœur pour n'y laisser croître et grandir » qu'une seule tige : celle qui s'élevait droite vers Dieu. » L'huile sainte coula sur ses mains, la robe nuptiale » couvrit ses épaules, et la main dans la main de son » évêque, il contracta avec l'Eglise du Christ le sublime » mariage auquel le Père Céleste a garanti une merveil» leuse fécondité..

» Jeune prêtre tout bouillant des saintes ardeurs, tout » brûlant de flammes sanctifiées, comme il la chérissait » cette épouse choisie, cette Eglise au front radieux sous » les épines qui la couronnent presque toujours !

» Et les années ont coulé.

» Et le prêtre a vieilli.

» Lorsqu'un demi-siècle passé a cinquante fois ravivé » en son cœur l'affection toujours croissante pour cette » Eglise adorée, cinquante fois resserré les liens sacrés » qui l'unirent à elle, cinquante fois fécondé cette union » bienheureuse, voilà qu'un jour vient où les nombreux » enfants engendrés à Dieu par ce prêtre, vieilli à la » tâche, accourent de toutes parts et chantent l'épitalame » sublime des Noces d'or.

» C'est beau !

» C'est beau, n'est-ce pas, enfants de la vieille cité » sarladaise?

» Or, mardi 27 mai, ce ravissant spectacle s'offrait à » nos regards enthousiasmés. On célébrait à Sarlat les » Noces d'or de M. l'abbé Miral, curé-archiprêtre de cette » ville. » Et c'était fête splendide, fête des plus touchantes, vraie fête de tous, vraie fête de famille. Avant d'en dire les détails, rappelons quelques souvenirs du passé du vénérable archiprêtre ; ils feront plaisir à nos lecteurs.

Issu d'une famille honorable, mais qui se recommandait surtout par ses habitudes fortement chrétiennes qu'elle se transmettait de père en fils en précieux héritage, toujours bien apprécié, M. l'abbé Miral naquit à Villefranche, au diocèse de Rodez, le 1er juin 1809, et fut baptisé le lendemain dans l'église Saint-Joseph de cette ville.

Je n'ai pas à raconter ici son enfance ni sa jeunesse.

Il fit ses études classiques au collège de sa ville natale (1),

(1) Le collège de Villefranche avait alors pour principal, avec des professeurs laïques, mais tous chrétiens, M. l'abbé Marty, qui devint vicaire-général de Rodez, et fut l'un des principaux soutiens de la Mère Emilie, fondatrice de la *Sainte-Famille*.

sans quitter le foyer de la famille où il n'avait qu'à imiter pour se former à la piété et aux vertus qui font les élus.

De bonne heure, Dieu l'avait marqué pour le sacerdoce et lui en avait inspiré la pensée et le désir. Aussi le voyons-nous à l'âge de 19 ans, voulant suivre l'inspiration divine, entrer au séminaire de Saint-Sulpice, à Paris, où, le 31 mai de la même année, il reçut la tonsure des mains de l'éminent archevêque, Mgr de Quélen.

Mais l'atmosphère étouffante de Paris ne put convenir longtemps au jeune lévite; il lui fallut le grand air de la province, il vint, vers la fin de 1830, le respirer au grand séminaire de Sarlat. Il y fut ordonné sous-diacre le 1er juin 1833 et prêtre le 26 mai 1834; et le lendemain il disait sa première messe, comme le faisait un an plus tard celui qui écrit ces lignes, dans la pieuse petite chapelle du couvent de Sainte-Claire, doux souvenir bien cher au cœur de l'un et de l'autre lorsqu'ils entrent dans cette chapelle.

En quittant le séminaire, M. l'abbé Miral fut nommé vicaire à Bergerac, sous la direction de M. Macerouze. Il se trouvait à bonne école, il sut en profiter. De Bergerac, il fut successivement nommé en 1836 curé de Lamonzie-Saint-Martin; en 1842, curé-doyen de Saint-Aulaye, et en 1850, curé-archiprêtre de Sarlat.

Bergerac a conservé le souvenir de la piété, de la douceur, de la bonté, de l'affabilité envers tous du jeune vicaire; Lamonzie-Saint-Martin proclame que M. Miral y passa en faisant le bien, et Saint-Aulaye montre avec orgueil le joli et gracieux hospice dont il prépara la fondation. Et Sarlat? Sarlat qui aime et vénère son archiprêtre et lui est reconnaissant de s'être prodigué pendant trente-quatre ans pour le bien de tous, Sarlat a voulu couronner ses cinquante années de sacerdoce en célébrant par une fête magnifique ses Noces d'or.

II

Les Noces d'or, ce n'est pas Monsieur l'Archiprêtre qui en aurait donné l'idée. Il aurait voulu se cacher à lui-même que la cinquantième année de son sacerdoce s'accomplissait le 24 mai 1884. Il redoutait les ovations de ses confrères et de ses paroissiens, et son humilité lui prescrivait, comme un devoir, de s'y soustraire. Mais l'affection et l'estime de ses confrères leur prescrivaient à eux aussi un devoir, ils n'ont pas voulu y faillir.

Réunis à Sarlat le 21 avril pour recevoir les Saintes-Huiles, les Doyens de l'arrondissement, avec les Curés du canton de Sarlat, arrêtèrent d'un commun accord qu'il convenait de célébrer une fête en l'honneur du cinquantième anniversaire de l'ordination de leur vénérable archiprêtre, et en arrêtèrent aussi le programme. Ils formèrent un comité pour tout préparer et tout diriger, ayant pour président M. le Doyen de Terrasson et pour secrétaire M. Vergne, premier vicaire de Sarlat.

Au soldat qui a vaillamment combattu sur les champs de bataille et mille fois exposé sa vie pour soutenir la gloire de son drapeau, la reconnaissance publique décerne, comme récompense suprême, une épée d'honneur ; au prêtre qui, pendant cinquante ans, a vaillamment combattu le combat du Seigneur, a été toujours le serviteur bon et fidèle de Dieu, il est dû aussi une distinction honorifique : une étole d'honneur sera offerte de la part de ses confrères à M. l'Archiprêtre de Sarlat.

La fête ne fut définitivement fixée que le jour où l'on célèbre à Sarlat saint Sacerdos, patron de la ville. Monseigneur l'Evêque ayant bien voulu laisser à M. l'Archiprêtre le choix du jour, une lettre datée du 5 mai fit connaître à MM. les Doyens et aux anciens Vicaires que les Noces d'or de M. l'abbé Miral seraient célébrées le mardi 27 du mois de mai. Dès le 20 mai, MM. les Vicaires de Sarlat firent remettre à toutes les familles de la ville et de la paroisse une lettre-circulaire pour leur annoncer la fête du 27 et leur donner l'heure des divers exercices. Elle était conçue en ces termes :

« Les Vicaires de Sarlat ont l'honneur de vous prévenir que, mardi prochain 27 mai, une grande fête sera célébrée à la cathédrale, à l'occasion du cinquantième anniversaire de l'ordination sacerdotale de M. l'Archiprêtre. Elle sera présidée par Mgr l'Evêque de Périgueux et de Sarlat, entouré de MM. les Doyens de l'arrondissement, des Curés du canton, des Prêtres originaires de la ville et des anciens Vicaires de M. l'abbé Miral, ayant à leur tête Mgr l'Evêque de Saint-Denis.

» La cérémonie du matin, à laquelle assisteront Nosseigneurs les Evêques et le Clergé, commencera, à 9 heures 1/2, par la procession, suivie de la messe solennelle que célèbrera M. le Curé.

» A l'évangile, un discours sera prononcé par un enfant de Sarlat, le R. P. Allard, de la Compagnie de Jésus.

» Le soir, à 7 heures 1/2, la fête sera clôturée par une allocution et un Salut solennel. »

« La veille de la fête, pendant l'après-midi tout entière, » on dut laisser ouvertes les portes du presbytère, pour » donner passage aux nombreux visiteurs qui voulaient » tous être des premiers à apporter à leur curé bien-aimé » le témoignage de leur gratitude et le tribut de leurs » félicitations. » C'étaient les diverses communautés de la ville, l'association nombreuse des Dames de Charité, la Confrérie des enfants de Marie, les Frères des écoles chrétiennes avec leurs nombreux élèves. Un de ces élèves a adressé au vénérable Archiprêtre, au nom de ses condisciples, une simple, mais bien touchante allocution, que nous jugeons convenable de reproduire ici, parce qu'elle constate un fait bien connu de tous et qu'on ne devra jamais oublier : la part active et généreuse que

M. l'abbé Miral prit, dès son arrivée à Sarlat, à la fondation de cette école. Le jeune enfant s'est exprimé en ces termes :

« VÉNÉRABLE PASTEUR,

» Permettez-nous, au jour de votre cinquantième anniversaire de prêtrise, de venir déposer à vos pieds l'hommage de notre profond respect et de notre vive et bien affectueuse reconnaissance.

» L'école chrétienne vous doit en grande partie son existence et sa prospérité. Dès le début, vous en fûtes le promoteur d'une manière toute particulière; vos démarches auprès du Conseil municipal de l'époque firent voir combien votre cœur de père tenait à ce que la jeunesse sarladaise eût un asile où elle reçut, en même temps qu'une solide instruction, les bons principes de l'éducation religieuse. Et deux ans ne s'étaient pas écoulés depuis votre arrivée dans la cité, que vous aviez la consolation de voir réalisé le plus cher de vos vœux. Vous étiez heureux de pouvoir offrir aux familles de la ville et des environs l'Ecole des Frères, depuis si longtemps désirée.

» Et nous, vénérable Pasteur, qui jouissons actuellement des bienfaits de cette école, nous saisissons avec empressement l'occasion si favorable que nous offre la fête de vos Noces d'or pour vous en exprimer toute notre reconnaissance.

» Et ceux qui nous ont devancés dans cette école pour entrer dans les diverses carrières de la vie, seront heureux de savoir que nous avons été auprès de vous les interprêtes de leurs sentiments de reconnaissance et d'affection.

» Et nos chers parents, qui savent mieux que nous apprécier vos bienfaits, veulent qu'en leur nom, comme au nôtre, nous vous disions merci ! mille fois merci !!! » (1)

Et le vénérable Pasteur remercie, vivement ému, ces chers enfants et leurs chers Maîtres, et se recommande à leurs prières.

---

(1) Nous regrettons de ne pouvoir donner place ici aux compliments en vers et en prose qui ont été adressés à M. l'Archiprêtre par les élèves du pensionnat de Ste-Claire, les élèves de la Miséricorde, les Dames de Charité et la Confrérie des Enfants de Marie. Nous ne voulons cependant pas en priver nos lecteurs; ils les trouveront dans un *Appendice* à la fin de ce compte-rendu.

Et le soir, au tombant de la nuit, du clocher de la vieille cathédrale s'échappent les notes joyeuses d'un brillant carillon qui vont annoncer à toute la ville et faire redire par tous les échos de la vallée que demain c'est grande fête et que chacun doit s'y préparer.

« Le mardi matin est enfin arrivé ; il est impossible à » celui qui traverse les rues de Sarlat de ne pas sentir un » je ne sais quoi qui respire la fête. Des physionomies » plus joyeuses, un mouvement plus précipité, des allées, » des venues, que sais-je ?

» Tout d'abord, ce sont les pauvres. Le cœur du bon » pasteur les avait appelés. A plus de deux cents il distri- » bue le pain qui parfois leur manque, inaugurant ainsi » par les joies de la charité une journée qui doit être » joyeuse fête pour tous.

» Il est 9 heures. Les cloches de la cathédrale sonnent » plus ardentes, plus gaies que jamais. Mais, on n'a pas » attendu leur appel pour envahir les vastes nefs. Chacun » a pressenti qu'il pourrait ne pas y avoir place pour » tous.

» La vieille basilique elle-même a pris des ornements » inaccoutumés. Elle s'est parée de son mieux ; c'était » justice. » La fête est nouvelle pour elle. Pour la première fois, elle prête sa vaste enceinte à la solennité des Noces d'or de son curé.

« Le sombre portique a disparu sous de riches tentures » de velours et d'or. Tout au fond du sanctuaire, sur » une large bande de pourpre, on lit cette devise : *Tu es* » *sacerdos in æternum*. Des mains dévouées et reconnais- » santes ont suspendu là-haut, presque aux clefs de la » voûte, couronnes et guirlandes ; et sur les murs, au- » tour des piliers, dans les arceaux, des chaînes de ver- » dure unissent ensemble cinquante gracieux cartouches » portant le chiffre du héros de la fête et formant cin-

» quante couronnes qui symbolisent les cinquante années
» de son sacerdoce. Les riches tapis, les fleurs étince-
» lantes, les lustres allumés, les oriflammes aux couleurs
» variées, achèvent de donner à cette décoration un
» cachet de richesse et de bon goût. » Nos compliments les plus sincères à M. l'abbé Vergne, qui en a dirigé l'exécution. Lorsque l'amour et la reconnaissance guident la main qui travaille, facilement elle fait de belles choses.

III

« Il est 9 heures 1/2. Un nombreux clergé est réuni
» dans le sanctuaire. On y voit les anciens vicaires du
» vénérable Archiprêtre, les prêtres originaires de la
» ville, les curés du canton, les doyens de l'arrondisse-
» ment et quelques autres, en tout, quatre-vingts prêtres
» environ. » Là est aussi Mgr Coldefy, ancien vicaire de Sarlat, et aujourd'hui évêque de Saint-Denis de la Réunion. A peine débarqué en France, apprenant qu'une fête se préparait pour les Noces d'or du prêtre, toujours aimé et vénéré, qui guida ses premiers pas dans le sacerdoce, il s'est hâté de venir là où son cœur lui disait que sa place était marquée; nous lui en sommes tous reconnaissants. Sa Grandeur préside à notre fête en l'absence, vivement regrettée de tous, de Mgr Dabert, l'éminent évêque de Périgueux et de Sarlat.

« Du clergé ainsi réuni et de nombreux fidèles s'orga-
» nise une procession; elle sort par la porte principale de
» l'église et se dirige vers le presbytère. On va recevoir
» chez lui, pour le conduire triomphalement à l'église,
» le pasteur vénéré auquel le peuple de Sarlat fera
» bientôt une véritable ovation. »

Le vénérable archiprêtre, en habits de chœur, moins

l'étole, attend sur la porte du jardin qui donne sur le boulevard. Les prêtres et les fidèles se pressent en face de cette porte, car ils savent tous que c'est en ce moment que M. l'Archiprêtre doit recevoir l'Étole d'honneur que ses confrères lui ont décernée. En la lui présentant, le plus ancien des Doyens, M. l'abbé Pergot, Curé de Terrasson, lui adresse d'une voix forte, mais légèrement émue, l'allocution qui suit :

« Cher et vénéré Archiprêtre,

» Vos Confrères les Doyens de l'arrondissement, vos anciens Vicaires, parmi lesquels nous sommes heureux avec vous de constater la présence de Mgr l'Evêque de Saint-Denis, les Prêtres originaires de cette ville, qu'un amour tout filial a pressés d'accourir, les Curés de votre canton accompagnés de plusieurs autres prêtres, tous vos amis, sont venus, au jour où vous célébrez le cinquantième anniversaire de votre sacerdoce, s'unir à toutes vos pensées, partager vos douces émotions, et les épancher en prières ferventes devant Dieu pour votre bonheur. La profonde estime et la sincère affection qu'ils ont pour vous ne leur permettaient pas de laisser passer inaperçu un jour si mémorable de votre vie de prêtre, et ils ont voulu le solenniser par une fête toute fraternelle, une vraie fête de famille sacerdotale. Et moi, le plus ancien de tous ces confrères, vos amis, je m'applaudis que l'âge, privilège d'ordinaire peu envié, m'ait désigné pour être l'interprête de leurs sentiments, et vous en offrir dans une Étole d'honneur le pieux et sincère témoignage.

» Bien cher ami, si, en ce moment où il m'est si doux de remplir la mission qui m'est confiée, j'évoque le souvenir du passé, je me vois avec vous là-haut, sur le penchant de la colline, dans ce beau séminaire, où, sous la direction de Maîtres aussi éclairés que dévoués, et au milieu de nombreux condisciples dont les exemples nous édifiaient, nous nous préparions au sacerdoce. Je ne dirai pas, pour ne point blesser votre modestie et effaroucher votre humilité, que vous étiez là le modèle du bon séminariste, mais il m'est permis d'affirmer que vous saviez vous y faire aimer et estimer de tous.

» Vous ne me précédiez que d'une année dans cette voie de la préparation sacerdotale. Le jour où vous étiez ordonné prêtre j'étais ordonné sous-diacre ; vous franchissiez la dernière marche du sanctuaire qui vous plaçait à l'autel, et moi je m'agenouillais sur la première. Et, un an après vous, je quittais la maison bénie de notre enfance cléricale, et, comme vous, j'étais dans le ministère. Il y a de cela cinquante ans pour vous et quarante-neuf ans pour moi.

» Hélas! cher confrère et ami, un souvenir bien triste se présente en ce moment. De ces maîtres que nous aimions tant, il n'en reste pas un. Et cependant l'âge d'alors de quelques-uns leur permettrait de vivre encore. Et ces chers condisciples, qui marchaient avec nous avec tant d'union dans la maison de Dieu, n'ont-ils pas presque tous disparu? Des vingt-six qui furent ordonnés prêtres en même temps que vous, combien en reste-t-il? Vous et quatre autres qui seraient ici avec nous, si leur vieillesse n'avait redouté les fatigues du voyage. Aussi avec quelle effusion d'amour et de reconnaissance nous tous, venus ici pour vos Noces d'or, ne remercions-nous pas Dieu de vous avoir accordé de voir ce cinquantième anniversaire qui semble être le *nec plus ultra* des forces du prêtre. Dieu ne fait pas cette grâce à tous. Et, cependant, vous avez été employé à un ministère des plus laborieux! Mais vous avez été toujours serviteur bon et fidèle, et Dieu vous a protégé, et sa bonté pour vous nous permet d'espérer qu'à ce cinquantenaire bien des années encore viendront s'ajouter pour le bien d'une paroisse qui vous aime, l'édification de vos confrères et l'accroissement de vos mérites.

» Oui, cher confrère, nous aimons à le proclamer bien haut en cette fête de vos Noces d'or, elles ont été belles et fructueuses les cinquante années de votre sacerdoce! Chaque année vous méritait une couronne qui allait se changer au ciel en un brillant joyau pour votre couronne éternelle.

» Ces cinquante couronnes, nous les réunissons aujourd'hui, et nous les comprenons dans cette ÉTOLE D'HONNEUR que nous sommes heureux de vous décerner. Elle vous dit notre affection et notre estime, et, en vous l'offrant, notre affection et notre estime vous disent que vous avez bien mérité de l'Eglise et de Dieu!!! »

Après cette allocution, suivie de chaleureux applaudissements (1), M. le Doyen revêt de l'ÉTOLE D'HONNEUR le vénérable Archiprêtre, et lui donne, au nom de tous les prêtres présents, l'accolade fraternelle.

---

(1) Ce n'est que pour rendre hommage aux sentiments d'affectueuse sympathie qu'éprouvaient en ce moment pour M. l'archiprêtre les prêtres et les pieux fidèles, que le narrateur fait ici mention de ces applaudissements.

« Trop ému, le vénérable Archiprêtre ne peut que » répondre quelques paroles qu'étouffent les larmes, » larmes bien éloquentes, qui du cœur montent aux yeux, et que chacun sait apprécier.

« La procession se remet en marche et se dirige, par » la place de la Grande-Regaudie et la rue de la Traverse, » vers la cathédrale. La fanfare *Saint-Sacerdos,* bannière » en tête, ouvre joyeusement la marche. Sur la place, la » foule est compacte et silencieuse; le long de la rue, les » trottoirs sont encombrés, les balcons envahis, les croi- » sées trop petites; tout Sarlat s'est ébranlé pour saluer » au passage son pasteur et son père. »

Il marche le dernier, recueilli et priant, ayant à ses côtés MM. les Doyens de Terrasson et de Belvès : Il est précédé de quelques pas par Mgr Coldefy, en simple habit de chœur, précédé lui-même de deux enfants de chœur portant sa crosse et sa mitre, et assisté de M. Montet, archiprêtre de Bergerac, et de M. Sailhol, Doyen de Villefranche-de-Belvès et chanoine du diocèse de Saint-Denis.

Mais il y a là une place vide.... Tous les regards regrettent de ne pas y voir « le bien-aimé Mgr Dabert, » dont la présence avait été annoncée. Pourquoi faut-il » que les fatigues excessives de tournées pastorales, » longuement prolongées, les soucis incessants d'une » vaste administration, les devoirs si multipliés de sa » charge, n'aient pas permis à notre vaillant Evêque de » réaliser sa promesse? » Ah! qu'il a dû faire violence à son cœur! A la première nouvelle de cette fête, n'écoutant que son affection, il avait dit : « M. l'Archiprêtre de Sarlat n'est pas seulement pour moi un collaborateur, mais un ami; j'assisterai à sa fête. »

Sa Grandeur a le privilège d'avoir dans son diocèse deux cathédrales : bientôt elle imposera les mains, pour le sacrer évêque, à l'archiprêtre de la première; quelle douce jouissance elle aurait eue aujourd'hui de pouvoir couronner, dans l'archiprêtre de la seconde, cinquante années d'un sacerdoce si digne, si méritant!.... Plaignons notre Evêque; à l'heure qu'il est, sa pensée est à Sarlat, et son cœur doit souffrir.

IV

La procession est rentrée dans l'église, dont les vastes nefs sont remplies de fidèles, silencieux et recueillis. Ce n'est qu'avec peine que le clergé peut arriver jusqu'au sanctuaire.

M. l'Archiprêtre y prend place sur une estrade élevée, riche de draperies, de fleurs, de verdure. Quatre élégantes colonnes, recouvertes de fleurs variées, soutiennent au-dessus de sa tête un gracieux pavillon formant couronne.

En face, mais sur une estrade moins élevée, moins ornée, se place Mgr Coldefy, qui veut bien comprendre que dans la circonstance tous les honneurs, même en présence d'un Evêque, doivent être pour celui qui est l'objet de la solennité. Du reste, sa Grandeur nous avait dit : « Ne voyez en moi qu'un ancien vicaire de M. l'Archiprêtre, venu à ses Noces d'or pour lui rendre hommage avec ses autres confrères et amis. »

La cérémonie commence par le chant du *Veni Creator*, entonné par M. l'Archiprêtre et continué par le clergé : sublime invocation, qui sortant forte et fervente de ces poitrines de prêtres, va chercher au ciel la lumière et la force de l'Esprit-Saint, et, entendue dans toutes les parties de la vaste église, appelle tous les cœurs à s'unir pour la prière.

La messe solennelle est célébrée par M. l'Archiprêtre, ayant pour diacre et sous-diacre deux enfants de Sarlat : M.

Labat, doyen de Salignac, et M. Vaquier, curé de Cazoulès; le chant, sous l'habile direction de M. Lafaye, organiste de la cathédrale, et directeur de la *Société Chorale* de la ville, est exécuté par plusieurs membres de cette société qui ont offert gracieusement leur concours, heureux, ont-ils dit, de profiter de la circonstance pour donner à M. l'Archiprêtre un témoignage de leur affectueuse et respectueuse sympathie. Ils ont chanté successivement, au cours de la cérémonie, avec un vrai talent de maître, le *Kyrie*, le *Gloria*, le *Sanctus*, l'*Agnus Dei*. Les morceaux les mieux réussis ont été le *Sanctus* et le *Kyrie* : on a particulièrement remarqué le duo du *Kyrie*.

Après l'Evangile, le R. P. Allard, autre enfant de Sarlat, monte en chaire et adresse à cet immense auditoire qui lui est on ne peut plus sympathique un discours bien pensé et bien dit, dont nous regrettons qu'une volonté inexorable ne nous permette de reproduire ici que quelques extraits.

Le texte, tiré du 1er livre des Rois, ch. 2, v. 35, « *suscitabo mihi sacerdotem fidelem qui juxta cor meum et animam meam faciet*, je me susciterai un prêtre fidèle qui agira selon mon cœur et selon mon âme, » est des mieux choisis. Il est à lui seul toute une démonstration où chacun reconnaît facilement le vénérable Archiprêtre, et, parcourant d'une pensée rapide les cinquante années de son sacerdoce, le trouve en toute circonstance appliquant son cœur et son âme à agir selon le cœur et l'âme de Dieu.

Mais écoutons le R. P. Allard :

« MONSEIGNEUR,
» MESSIEURS,
» MES FRÈRES,

» Quand le vétéran du Sanctuaire, remémorant le jour à jamais béni de sa première messe, célèbre son demi-siècle de prêtrise, en vain voudrait-il se renfermer dans le mystère de sa piété privée et solitaire.

Autour de lui se pressent ses frères dans le sacerdoce et ses enfants. Ils accourent nombreux, pleins de joie et de bonheur.

» La présence au milieu de nous de l'auguste pontife qui préside cette imposante assemblée donne à cette fête de famille un éclat tout particulier. L'Ange de l'Eglise lointaine de Bourbon, qui nous consacra les prémices de son ministère sacerdotal, a bien voulu donner au peuple sarladais un témoignage éclatant de son estime et de sa vénération pour celui dont nous célébrons aujourd'hui les Noces d'or. Que sa Grandeur me permette de lui exprimer les sentiments de notre plus respectueuse reconnaissance. »

Après ces premières paroles heureusement inspirées, l'orateur peut se dire qu'il possède son auditoire et qu'il sera écouté avec une religieuse attention.

Il entre dans son sujet et nous dit ce qu'est le prêtre selon le cœur de Dieu, et nous le démontre revêtu du triple pouvoir de la Trinité sainte : Pouvoir créateur aux fonts baptismaux et au saint autel; pouvoir rédempteur au tribunal sacré de la pénitence, et, enfin, pouvoir sanctificateur dans la direction des âmes dans les voies si difficiles de la pratique des vertus chrétiennes. Ces trois pensées qu'il développe en entrant dans les considérations les plus saisissantes, les plus élevées qui dénotent l'homme habitué à réfléchir, lui fournissent d'heureuses applications à celui qui est le héros de la fête :

« Depuis cinquante ans, dit-il, cher et vénéré Père, vous exercez ce pouvoir créateur en engendrant les âmes à la grâce par le saint baptême, et en prononçant à l'autel la parole créatrice, « ceci est mon corps, ceci est mon sang ! »

» Depuis cinquante ans vous exercez, au nom de Jésus-Christ, ce pouvoir rédempteur. Combien de cœurs flétris par le péché et prosternés à vos pieds se sont relevés avec l'innocence retrouvée ? combien d'esclaves, retenus captifs dans les liens de l'iniquité, ont brisé leurs fers et reconquis la plus belle des libertés, la liberté des enfants de Dieu ? Et tous ces prodiges se sont accomplis par vous sur cette seule parole : *Ego te absolvo*, je t'absous. Cher et bien-aimé Père, cet office de rédempteur vous l'avez rempli et vous le remplissez chaque jour de façon à réjouir le ciel et la terre.

» Depuis cinquante ans, un demi-siècle, votre direction si sage, si prudente et si éclairée conduit les âmes dans les sentiers difficiles de la sainteté, et avec quel zèle, quel dévouement et quelle charité ! tout cela, zèle, dévouement, charité, trouve sa source dans votre cœur si noble et si généreux. Pour ce ministère, le plus délicat de tous, il faut du cœur, et vous avez du cœur.

» Il y a trente-quatre ans, un homme de Dieu qui restera l'une des gloires de notre diocèse, un homme puissant en œuvres et en paroles, un homme qui savait connaître et apprécier ses semblables, surtout ses frères dans le sacerdoce, le proclamait du haut de cette chaire, au jour de votre solennelle installation. Je m'en souviens. J'étais auprès de vous, mon vénéré père : petit enfant de chœur, je vous servais la messe. Parlant du nouvel élu au peuple sarladais, accouru en foule pour recevoir son nouveau pasteur, l'abbé Macerouze disait ces mots : « Du cœur ? il en a, je le connais, je l'ai vu à l'œuvre. Peuple de Sarlat, réjouis-toi ! c'est un ami que le ciel t'envoie ; plus qu'un ami, c'est un père dont le cœur a été façonné sur le modèle du cœur du meilleur des amis, du plus tendre des pères, le cœur de Jésus. »

» C'est ce cœur qui, tout brûlant de zèle pour la maison de Dieu et pour la sanctification des âmes, vous a fait concevoir la plus belle des entreprises, et vous l'avez conduite à bonne fin. Vous saviez que l'éducation chrétienne et catholique était la première base de la société et de la famille, et vous avez offert à notre cité, comme don de joyeux avènement, une de ces fondations qui vous vaudra une reconnaissance éternelle de tous les vrais enfants de Sarlat, le noble cœur de Lacalprade et de Sépière (1), votre bien-aimé supérieur, vivait en vous. Comme ces hommes éminents, vous aviez compris que le trésor d'une éducation véritablement chrétienne était le premier héritage que l'ouvrier doit laisser à ses enfants. Bien des obstacles, bien des difficultés se dressaient devant vous, vous avez brisé les obstacles et triomphé des difficultés comme sait le faire un homme de Dieu, et ils sont venus ces pieux disciples du vénérable de la Salle ; ils sont venus ces vaillants éducateurs de la jeunesse, ces généreux amis du

(1) M. l'abbé de Lacalprade, chanoine de Paris, fonda une classe gratuite pour les filles à la Miséricorde, et donna sa maison, évaluée 12.000 francs, pour fonder un établissement de Frères à Sarlat. Cette maison fut vendue et le prix en fut donné par les héritiers à l'Institut des Frères, pour acquérir une partie de l'ancien couvent des Récollets, où est encore l'école communale des Frères. — M. l'abbé Sépière, ancien supérieur du séminaire de Sarlat, donna 4.000 francs à Mgr l'évêque de Périgueux, destinés à favoriser la fondation projetée par M. l'abbé de Lacalprade.

pauvre et de l'ouvrier. Voilà trente-trois ans, mes frères, que vous les voyez à l'œuvre ces hommes qui ont pour amis tous les amis de Dieu, et pour ennemis tous les ennemis de Dieu. Voilà trente-trois ans qu'ils se consacrent à vos enfants avec un dévouement qu'il est superflu de louer, parce qu'il est au-dessus de tout éloge.

» Mais une pensée sombre envahit mon esprit. Les échos de la vallée ont apporté jusqu'à nos oreilles des paroles de menaces. N'y a-t-il donc pas autour de nous assez de ruines ? l'ennemi de tout bien voudrait-il nous frapper encore ? serait-il possible qu'il se levât dans nos murs un Julien l'Apostat qui mît sa gloire ou plutôt sa mesquine et ridicule ambition à porter une main sacrilège sur l'enseignement chrétien ? »

Ces dernières paroles, que l'orateur prononce avec un douloureux accent, produisent sur le vaste auditoire une profonde impression. Beaucoup se rappellent les appréhensions manifestées à ce sujet par le vénérable Archiprêtre, en présidant, en 1880, la distribution des prix de l'école des Frères : « Si votre pasteur, disait-il, n'avait » passé trente ans à la tête de cette paroisse que pour » voir à la fin de son ministère les maisons chrétiennes se » fermer, alors qu'il lui fut donné de les voir s'ouvrir au » début de sa charge pastorale, grandes seraient sa tris- » tesse et sa désolation ! »

Nous n'en doutons pas, l'orateur avait en ce moment à la pensée ces appréhensions de son bien-aimé curé. Il veut les dissiper, et il s'écrie :

« Mais non, vénéré Pasteur, il n'en sera pas ainsi ! Le ciel ne permettra pas qu'il se trouve parmi nous, enfants de Sarlat, un cœur assez mauvais pour renverser l'œuvre de vos premières années d'apostolat dans cette cité. Vous continuerez longtemps encore à jouir des fruits de vos labeurs. Longtemps encore et toujours Sarlat gardera le bienfait de l'éducation chrétienne et religieuse, et cette éducation que le peuple vous doit continuera à porter ses fruits de salut, car tel a été votre but : *Munus sancti spiritus, sacerdotis officium*, la sanctification des âmes. »

Arrivé à la fin de son discours, le R. P. Allard le résume

en rappelant les trois points qu'il a successivement développés : Le prêtre créateur, le prêtre rédempteur et le prêtre sanctificateur. Tel a été le vénérable Archiprêtre pendant cinquante ans. Les fidèles de Bergerac, de Lamonzie-Saint-Martin, de St-Aulaye se réunissent à ceux de Sarlat, pour proclamer que partout où il a passé comme vicaire ou comme curé, il a passé en faisant le bien, *transiit benefaciendo.*

Et après avoir demandé à Dieu de conserver longtemps encore à son troupeau ce vénéré pasteur, afin qu'ayant donné à son troupeau la pluie du matin pendant les longues années de son âge viril, il puisse lui donner la pluie du soir pendant les années de son âge mûr : *matutinam et serotinam pluriam reddes.* Le Révérend Père, nous dirions avec plaisir le jeune enfant de chœur du jour de l'installation, qui a conservé pour son curé toutes les tendresses de l'enfance, termine ainsi son admirable discours :

« Et maintenant, vénéré Père, remontez à l'autel où vous accompagnent l'amour et le respect de vos paroissiens. Pour eux chaque jour vous dites à Dieu : *Serva quos dedisti mihi!* conservez, ô mon Dieu! ceux que vous m'avez donnés pour fils, qu'aucun d'eux ne périsse et que je puisse les voir tous admis à la récompense éternelle! Tel est votre vœu, bien-aimé Père. A notre tour nous disons et nous dirons à Dieu : *Serva quem dedisti nobis!* conservez, ô mon Dieu! celui que vous nous avez donné pour guide, pour père et pour pasteur! Plus que jamais vos enfants ont besoin de vous, de vos lumières et de votre sagesse. Le jour touche à sa fin, la nuit menace d'être obscure, peut-être même sera-t-elle orageuse. *Mane nobiscum, jam advesperascit.*

» Puisse ce double vœu de votre cœur et de notre cœur, être exaucé de Dieu, auteur de tout bien, et nous l'en bénirons à jamais. *Amen.* »

L'orateur est descendu de la chaire, et M. l'Archiprêtre est remonté à l'autel. « C'est d'une voix forte et vibrante

» qu'il continue et achève le Saint-Sacrifice. A l'entendre
» chanter les prières liturgiques, on se prend à admirer
» cette vieillesse si forte, si jeune encore de sève et de
» verdeur, » qui porte aux cœurs des prêtres et aux cœurs
des fidèles les plus douces espérances.

Avant de quitter le sanctuaire, ajoutons aux divers chants que nous avons signalés plusieurs morceaux exécutés avec une rare précision par la fanfare *Saint-Sacerdos*. Tous ont admiré sa marche solennelle : *Isabelle*, exécutée à l'entrée dans l'église, et son Offertoire : *Croix d'honneur*. L'exécution de ces divers morceaux, qui présentent des difficultés sérieuses, fait le plus grand honneur aux jeunes musiciens et à leur zélé et intelligent directeur, M. l'abbé Boussion.

L'office achevé, le clergé sort de l'église par la porte latérale et se rend en procession jusqu'au presbytère.

Et les fidèles, pieusement édifiés de ce qu'ils ont vu et entendu, se promettent bien de revenir à l'exercice du soir qui doit clôturer cette belle fête.

V

Nous avons gravi la colline, et nous sommes au Collège Saint-Joseph, autrefois le Grand-Séminaire d'où sortait, il y a cinquante ans, jeune prêtre alors tout rayonnant de l'onction sainte et du feu divin qu'il venait de recevoir, celui dont nous célébrons aujourd'hui les Noces d'or.

Dans une des grandes salles, alors la salle des exercices, et aujourd'hui le réfectoire des jeunes élèves, a été préparé le banquet offert par ses confrères au cher Archiprêtre, et c'est là que, dans les épanchements de la plus cordiale fraternité, va se réaliser à la lettre le *quàm bonum et quàm jucundum habitare fratres in unum* du prophète royal (1).

La salle présente à l'œil un aspect ravissant. « De larges » rideaux ornent les nombreuses fenêtres, des festons et » des tentures courent le long des parois ; des oriflammes » les partagent en vastes panneaux, au milieu desquels » se détachent des inscriptions tirées des Saints-Livres, » et retraçant les vertus caractéristiques du héros de la » fête (2). De frais orangers, quelques plantes vertes, » égayent ce décor au milieu duquel tranche la longue » table avec son brillant service et ses corbeilles de fleurs. » L'ensemble est parfait, et l'on ne peut que louer le goût » sûr et délicat du décorateur.

» Le menu fait honneur à l'*hôtel de la Madeleine*. » Tous les regards se portent sur le milieu de la table, où s'élève, comme bouquet d'honneur, une gracieuse et grandiose pièce montée reproduisant la cathédrale de Sarlat, et disant à tous qu'un pâtissier de bon goût peut être aussi un habile architecte.

Soixante-quatorze convives, tous prêtres, prennent place le long de cette table, et tout se fait avec le plus joyeux entrain.

Au dessert plusieurs toasts devaient être portés. M. l'abbé Verdeney, supérieur du Collège qui nous offre

---

(1) Que c'est une chose bonne et agréable que les frères soient unis ensemble !

(2) Comme il sera parlé plusieurs fois de ces inscriptions, nous croyons utile de les reproduire ici. On ne pouvait faire un meilleur choix :

1re *Sortitus sum animam bonam*, J'ai reçu de Dieu une âme bonne. (Sap. c. VIII. v. 19.)

2me *Divitiæ meæ pietas, humilitas, mansuetudo*, Mes richesses sont la piété, l'humilité, la mansuétude. (St-Prosper lib. sententiarum).

3me *Suscitabo mihi sacerdotem fidelem*, Je me susciterai un prêtre fidèle. (Reg. c. 2. v. 35).

4me *Non habet amaritudinem conversatio illius*, Sa conversation n'a rien de désagréable. (Sap. c. VIII. v. 16.)

une si cordiale hospitalité, demande la faveur du premier. Il s'exprime ainsi :

« Monseigneur,

» Vénérable Archiprêtre,

» Vous tous vénérés Confrères,

» L'école Saint-Joseph de Sarlat est heureuse et fière de vous recevoir aujourd'hui dans ses murs. Permettez que ma première parole soit pour porter la santé de Monseigneur de Périgueux, dont l'absence est un regret pour tous, de notre vaillant évêque qui, depuis plus de vingt ans, et surtout dans les circonstances difficiles et les luttes de notre époque, met en œuvre, chaque jour, sous nos yeux les graves devoirs de la charge épiscopale, dont, hier encore, sa Grandeur nous transmettait les graves enseignements à la veille des solennités d'un sacre.

» Je porte également la santé de Monseigneur de Saint-Denis, qui, dans sa vie d'Evêque, traduit si bien ses armes en défendant énergiquement les droits du Saint-Siège, et en tenant bien haut, par-delà les mers, l'honneur de l'Episcopat français. C'est une véritable gloire pour nous tous, anciens et nouveaux vicaires de la cathédrale de Sarlat, de voir figurer le nom de votre Grandeur parmi les auxiliaires du vénérable Archiprêtre. Cet homme de Dieu me saura gré, dans sa modestie, de ne pas redire ici l'éloge répété mille fois aujourd'hui par tout un peuple, de toutes ses vertus sacerdotales, si éloquemment célébrées ce matin sous les voûtes de la cathédrale.

» Ces belles et sympathiques vertus, vénérable Archiprêtre, sont ici résumées en quelques mots sur ces murs ; elles sont la vraie couronne de votre vie, et forment pour nous tous à vos Noces d'or le plus riche bouquet de cette belle journée. »

Deuxième toast, porté par M. l'abbé Dambier, Doyen de Belvès, au nom des Doyens de l'arrondissement :

« Monsieur l'Archiprêtre,

» Ils sont rares les prêtres à qui le Seigneur accorde une vie assez longue pour qu'ils puissent célébrer leurs Noces d'or; plus rares encore ceux qui ont passé la majeure partie de leur vie au milieu du même troupeau, sachant toujours se concilier l'estime et l'amour de leurs paroissiens, de leurs confrères, avec l'estime, la confiance et l'affection du premier pasteur du diocèse. Aussi, quelle n'est pas la sympathie qu'on éprouve pour ce prêtre de choix, quel n'est pas le désir, je dirai presque le besoin qu'on éprouve de leur rendre hommage et de les féliciter !

» Par ces quelques mots, je vous ai déjà nommé Monsieur l'Archiprêtre.

» Je n'ai pas besoin de rappeler ce qu'a toujours été votre vie sacerdotale. Tous ceux qui sont ici présents savent très bien que, dans les divers postes que vous avez occupés, partout et toujours on a admiré en vous le prêtre pieux, zélé, prudent, charitable, bienveillant; tous savent que, grâce à ce tact parfait dont Dieu vous a doué, grâce à cette aménité et à cette douceur de caractère qui rappelle la douceur du divin Maître, non-seulement vous n'avez trouvé d'opposition sérieuse nulle part, mais que partout on s'est plu à vous témoigner avec le respect que vous méritez le désir de vous plaire et de vous contenter.

» Quant aux rapports que vous avez toujours entretenus avec vos confrères, tous ceux qui sont ici et tant d'autres qui ont eu l'avantage de vous connaître ou de vivre près de vous, savent parfaitement quels ont été les sentiments de votre bienveillance et de votre charité à leur égard, et quel a été votre empressement à leur être agréable et utile.

» Aussi, lorsqu'on a su que cette fête de vos Noces d'or, préparées presqu'à votre insu, de crainte que votre modestie ne vînt y mettre obstacle, avait été définitivement arrêtée par l'unanimité des Doyens de votre archiprêtré, avec quelle joie cette nouvelle n'a-t-elle pas été accueillie non-seulement dans la ville de Sarlat, mais dans toute la contrée, je dirai presque dans tout le diocèse !

» La preuve en est dans ce concours prodigieux de fidèles de tout rang, de tout âge et de toute condition qui remplissaient ce matin votre vaste cathédrale; dans la présence de ce nombreux clergé, composé de tous les Doyens de votre archiprêtré, des Curés de votre canton, et de tant d'autres, parmi lesquels votre cœur de père aime à retrouver ceux qui firent ici, sous votre sage direction, l'apprentissage du ministère sacerdotal et paroissial.

» Après cela, Monsieur l'Archiprêtre, pour ne pas abuser davantage de la bienveillante attention de cette auguste assemblée, que me reste-t-il à dire, sinon qu'après vos Noces d'or vous puissiez vivre longtemps encore pour continuer à faire le bien et ajouter de nouveaux fleurons à votre couronne immortelle ! C'est donc dans ce but que je redis après tant d'autres : *Ad multos annos !*

TROISIÈME TOAST, porté par M. l'abbé Labrande, Curé-Doyen de Brantôme, au nom des anciens Vicaires de M. l'Archiprêtre :

« MONSEIGNEUR,

» VÉNÉRABLE ARCHIPRÊTRE,

» MESSIEURS,

» C'est avec une vive et bien douce émotion que je me vois appelé, en ma qualité du plus ancien des vicaires du vénérable et digne Archiprêtre de cette église de Sarlat, si chère à mon cœur, à l'honneur de prendre la parole en présence de ce nombreux sénat de prêtres distingués, accourus à la voix du principal organisateur de cette fête de famille, doyen et chanoine honoraire de Terrasson.

» Nous sommes venus, Messieurs, attirés par le sentiment de la vénération, de la reconnaissance et de l'amour, célébrer avec la pompe qui leur était due les Noces d'or de l'un des vaillants du sanctuaire, qui, pendant cinquante ans, a édifié l'Eglise par ses vertus et la sert encore avec un zèle et un dévouement que les années n'ont pu affaiblir.

» Laissant, vénéré Père, à des voix plus autorisées le soin de raconter vos glorieux travaux, et de nous révéler le riche trésor de vos mérites cachés sous le voile de votre modestie, je me contente de signaler ici une des gloires les plus pures de votre sacerdoce. Vous avez reçu du ciel, vénérable vieillard, la mission de former des prêtres aux vertus sacerdotales, avec le don de les préparer à remplir avec distinction les plus hautes fonctions du sacerdoce.

» Vous comptez parmi vos premiers disciples un digne évêque dont les débuts ont été couronnés de tant de succès, que les habitants de Saint-Denis de la Réunion regarderaient comme un malheur la translation immédiate de Mgr Coldefy à un évêché de France.

» Après sa Grandeur, saluons ici avec affection un de vos plus distingués vicaires, le digne supérieur qui nous offre en ce moment la plus aimable et la plus cordiale hospitalité dans une maison illustre où il continue, non sans succès, l'œuvre violemment interrompue des Révérends Pères Jésuites.

» Deux de vos fils bien-aimés ont reçu de notre éminent évêque un gage de son estime particulière; sa Grandeur les a revêtus des insignes de chanoine honoraire de sa cathédrale. Le premier, hélas! l'âme de mon âme, n'est plus!... Dieu l'a récompensé. Il a succombé glorieusement en traçant son sillon. Ses exemples nous restent. Son œuvre immortelle, l'église monumentale du Bugue, redira aux générations futures l'énergie de son zèle et la puissance de sa foi. Le second, combat dans le ministère paroissial les bons combats du Seigneur.

» Pour nous, doyens, curés et vicaires, qui avons eu l'honneur de partager vos travaux, nous voulons tous être la joie de votre vieillesse, nous vouant, avec vous et comme vous, à la gloire de Dieu et de l'Eglise, au bien des fidèles qui nous sont confiés.

» Unis en ce moment à tous les membres de cette réunion fraternelle dans un même sentiment d'affection et un même désir de votre bonheur, nous vous dirons en finissant, nous, vos anciens vicaires : Vivez, Père, vivez des jours longs et heureux, vivez pour être la joie de notre évêque bien-aimé, dont l'absence en cette solennité nous inspire à tous de si profonds regrets; vivez pour le bien de cette paroisse, à laquelle vous avez consacré votre vie; vivez pour vos nombreux amis; vivez surtout pour être encore longtemps le modèle des prêtres formés à votre école.

» Monseigneur, Messieurs, je vous propose en ces termes la santé de notre vénérable Archiprêtre : *Ad multos annos!!!* »

A la suite de ce toast, M. l'abbé Agraffeuilh offre, au nom des sœurs de Sainte-Marthe, dont il est l'aumônier, une délicieuse image retraçant en caractères d'or et d'argent, autour de la cathédrale de Sarlat, les armoiries de cinq évêques de Périgueux, et rappelant, d'un côté, les paroisses qu'a occupées M. l'Archiprêtre, et, de l'autre, les vicaires qui se sont succédés auprès de lui.

Quatrième toast, porté par M. Eugène Labat, Curé-

Doyen de Salignac, au nom des prêtres originaires de Sarlat :

A M. MIRAL, CURÉ DE SARLAT,

Pour ses Noces d'or.

Qu'il est doux de vieillir, ô pasteur vénérable,
Quand on n'a chaque jour que des fleurs à cueillir ;
Quand dans les bons combats on fut invulnérable,
Quand dans le droit chemin on ne sut pas faillir !

Quand on a dans son cœur un fond intarissable,
Quand tous les dévouements font encor tressaillir,
Qu'on reflète déjà la joie impérissable,
O pasteur bien-aimé qu'il est doux de vieillir !

Quand pour le paradis tous les jours on moissonne,
Qu'on peut à chaque instant embellir sa couronne,
Quand on a sur la terre assez longtemps vécu

Pour être le héros de fêtes aussi belles,
Qui mettent dans nos cœurs un transport inconnu
Et qui nous font rêver aux fêtes éternelles !

CINQUIÈME TOAST, porté par M. l'abbé Vergne, premier vicaire de Sarlat, secrétaire du comité organisateur de la fête, au nom des absents :

« VÉNÉRÉ PÈRE,

» Après les éloquentes paroles que nous venons d'applaudir, après les délicieux souvenirs que vous rappelle la présence de vos anciens vicaires, pas n'est besoin à ceux qui ont aujourd'hui l'avantage de vivre sous votre paternelle direction d'élever la voix pour faire comprendre combien ils sont heureux auprès de vous. Mais, secrétaire du comité qui a eu l'honneur de préparer cette fête, je dois dire les vœux et les regrets des absents.

» Parmi vos anciens vicaires, monsieur l'Archiprêtre, ils sont en bien petit nombre ceux qui, retenus par les travaux de leur ministère, n'ont pu jouir du bonheur de vous fêter ici. Tous ont eu soin d'écrire qu'ils s'associeraient ce matin, à l'autel, aux vœux que, dans votre cathédrale, prêtres et fidèles ont fait monter vers le ciel pour vous.

» Aussi, non-seulement en Périgord, mais par-delà les Pyrénées et les Alpes, par-delà les mers, des prêtres de Sarlat et des prêtres formés à votre école nous aident en ce jour à obtenir du Maître que vous soyez heureux.

» La vue de ces murs si magnifiquement parés pour vos Noces d'or, cette maison, berceau de votre sacerdoce, et pendant trente années la consolation de votre ministère, tout ici m'invite à saluer les absents dont le cœur est, tout ce jour, près du vôtre. Un de leurs représentants, le révérend Père Nave, votre paroissien et votre ami, me mandait hier de vous dire qu'il offrait au Seigneur le sacrifice de son éloignement et le tribut de ses prières pour lui demander de vous bénir.

» Trois de vos anciens vicaires, enfants de Saint-Ignace, de Saint-Dominique et de Saint-Vincent-de-Paul adressent au ciel les mêmes vœux pour celui qui fut leur guide bien-aimé. Vous en receviez ce matin l'assurance, dans la lettre si touchante du R. P. Besse, qui vous quitta naguère pour entrer dans la grande, dans l'illustre Compagnie de Jésus!

» Le R. P. Marie-Philippe Fontalirant m'écrivait, il y a peu de jours, qu'il porterait ce matin votre souvenir et ses vœux les plus ardents dans un des pieux sanctuaires de Rome; M. l'abbé Tabanous, de sa lointaine mission d'Afrique, s'unit aux vœux de tous vos paroissiens et de cette admirable couronne sacerdotale, pour dire avec les présents et les absents : *Ad multos annos !!!*

SIXIÈME TOAST, porté par Monseigneur l'Evèque de Saint-Denis :

« VÉNÉRABLE ARCHIPRÊTRE ET MON BIEN CHER VICAIRE GÉNÉRAL (1),

» Il y a peu de jours, et quelques instants après mon arrivée dans

(1) Dès sa promotion à l'épiscopat, Mgr Coldefy s'empressa de donner à M. l'Archiprêtre, son ancien curé, un témoignage de son estime, de son affection et de sa reconnaissance en le nommant son vicaire général honoraire.

la maison paternelle que je revoyais avec bonheur après une absence de plus de trente-deux mois, je recevais une de vos bonnes lettres, comme vous avez l'habitude de m'en écrire souvent, dans laquelle, après m'avoir félicité de mon heureux retour, vous m'annonciez qu'aujourd'hui 27 mai, les vénérables Doyens de votre arrondissement, les bons curés de votre canton, vos anciens vicaires et grand nombre de vos amis, se réuniraient autour de vous pour célébrer le cinquantième anniversaire de votre sacerdoce.

» Je me dis aussitôt que j'assisterais à cette belle fête et que je m'unirais à cette nombreuse couronne de prêtres, la plupart mes anciens condisciples et tous mes amis.

» Comment aurais-je pu y manquer? N'avez-vous pas dirigé mes premiers pas dans la carrière sacerdotale? N'ai-je pas à me glorifier d'avoir été pendant près de dix ans un de vos premiers vicaires? N'avez-vous pas eu toujours pour moi une affection toute paternelle, aussi grande lorsque j'étais loin de vous que lorsque je pouvais m'édifier tous les jours de vos bons exemples, écouter vos sages conseils et les suivre, et me former ainsi à vos côtés à la vie sacerdotale?

» La grande distance qui nous a séparés pendant plus de deux ans et demi, lorsque j'étais presque à l'extrémité du monde, au milieu du vaste Océan indien, loin d'affaiblir cette affection, l'aurait même augmentée, je me plais à le dire, si toutefois elle eût été susceptible de l'être.

» Il y a quelques mois, vous m'écriviez : « Le poids des années se » fait sentir, mes forces semblent diminuer, je vieillis, mais mon » cœur ne vieillit pas. » Non, votre cœur ne vieillit pas, mon bien cher et vénérable Archiprêtre ; il ne vieillit pas, parce qu'il aime sincèrement, il ne vieillit pas, parce qu'il aime pour Dieu, parce qu'il a pour tous la vraie charité.....

» Que pourrais-je ajouter à tous ces souhaits si bien pensés, si bien dits, que nous avons entendus ce matin et tout à l'heure? »

Ici Monseigneur rappelle très brièvement, avec une parole gracieuse pour chacun d'eux, les divers discours et toasts qui ont été prononcés. Puis, reprenant son discours, il continue ainsi à captiver l'attention de ses auditeurs :

« Je vois gravé en lettres d'or sur les murs de cette salle, parfaitement ornée, quatre sentences bien appropriées à la fête qui nous réunit et qui m'inspirent quelques réflexions que je ne saurais passer sous silence. »

Sa Grandeur commente ces sentences brièvement et s'arrête avec complaisance sur le dernier mot de l'une d'elles, *Mansuetudo,* qu'elle applique ainsi au digne héros de la fête :

« Oui, vous avez toujours eu, mon vénérable Archiprêtre, un cœur rempli de mansuétude et de bonté, et qui mieux que moi est en mesure de le proclamer ? j'en ai été témoin pendant dix ans, lorsque j'étais près de vous, et, lorsque j'étais loin de vous, j'en ai aussi ressenti les effets. Tous vos vicaires, ceux qui sont présents comme ceux dont nous regrettons l'absence, tous ces prêtres amis, assis à nos côtés, s'unissent à moi pour vous rendre ce témoignage. Oui, vous avez toujours eu un cœur bon, affable, généreux, hospitalier, non-seulement pour tous vos confrères que vous recevez chez vous avec tant de bienveillance, non-seulement pour vos amis, vous l'avez eu pour tous.

» Tacite a dit quelque part que quinze années sont une longue période dans la vie d'un homme. Mais, lorsque cette période se renouvelle plusieurs fois, lorsque la sixième a déjà commencé, qu'elles actions de grâces ne devons-nous pas rendre à Dieu pour vous avoir conservé si longtemps à l'affection et à l'estime de votre troupeau et de vos amis ? surtout, dis-je, lorsque ces périodes ont été si bien remplies par un ministère de cinquante années à Bergerac d'abord, sous la direction d'un vénérable Archiprêtre, une des plus belles gloires du clergé du Périgord, comme on l'a si bien dit ce matin ; ensuite à Lamonzie-Saint-Martin, à Saint-Aulaye, à Sarlat. A Sarlat ! voilà déjà trente-quatre ans que vous édifiez cette pieuse et importante paroisse par vos vertus sacerdotales. Qu'il plaise à Dieu de vous y conserver encore longtemps ! le bien que vous y avez fait, les œuvres que vous y avez fondées, parlent en votre faveur.

» Tout a été dit ce matin, et bien dit, devant cette multitude de vos paroissiens qui se pressaient dans l'enceinte de la vaste cathédrale pour unir leurs vœux et leurs prières aux nôtres. Nous y avons applaudi.

» Mon bien cher et vénérable Archiprêtre, vous avez entendu les souhaits sincères qui ont été adressés à Dieu pour qu'il vous donne encore de longues années : *Ad multos annos !* A ces souhaits si sympathiques, si remplis d'une respectueuse affection, je n'ajouterai qu'un mot, et ce mot, auquel s'associeront tous ces respectables prêtres qui vous entourent, sera pour votre bonheur. Je dirai donc : *Ad multos et felices annos !!!* »

Tous ces discours, religieusement écoutés et chaleureusement applaudis, rattachaient de plus en plus, à mesure qu'ils étaient entendus, tous les cœurs et toutes les âmes au cœur et à l'âme du cher Archiprêtre. On était bien là *cor unum et anima una*, un seul cœur et une seule âme.

Après le discours de Mgr l'Evêque de Saint-Denis, M. l'Archiprêtre prend la parole pour remercier et sa Grandeur et ses Confrères. De son cœur profondément ému arrive à ses lèvres un mot heureux pour tous, mot d'affection et de reconnaissance.

Mais bientôt, se reportant sur lui-même, son humilité s'effarouche de toutes ces ovations dont il se croit peu digne, les larmes remplissent ses yeux et étouffent sa voix ; il ne peut que dire : Merci ! merci !

VI

« La fin d'une telle journée devait être digne du com-
» commencement ; elle le fut.

» Un Salut solennel avait été annoncé pour le soir. A
» huit heures, les nefs de la cathédrale, toutes resplendis-
» santes de lumières, étaient envahies par la foule des
» fidèles. La fanfare *Saint-Sacerdos* et le Chœur des
» Enfants de Marie étaient là pour contribuer à l'éclat
» de cette dernière cérémonie de la belle fête. »

Dès l'entrée du clergé dans l'église, la fanfare nous charme d'un des plus beaux morceaux de son répertoire, après lequel le chœur des Enfants de Marie chante au Saint-Esprit une harmonieuse invocation, pieuse prière que chacun redit dans le plus intime de son âme.

M. l'abbé Duplantier, Doyen de Saint-Cyprien, prévenu la veille au soir seulement qu'il aurait à remplacer un prédicateur attendu, mais qui ne devait pas venir, monte en chaire, et, dans un discours bien pensé et qu'il prononce à la manière des bons orateurs, il célèbre les grandeurs du prêtre catholique qui oriente et soutient l'homme dans son enfance, dans son âge mûr, dans sa vieillesse, à sa mort.

Nous sommes heureux de pouvoir reproduire ici ce discours. A tous, même à ceux qui l'ont entendu, sa lecture sera agréable et instructive :

« Monseigneur,
« Mes Frères,

» C'est un cantique d'actions de grâces qu'il convient d'entonner au soir de ce grand jour. Tout nous y convie, et ce que nous avons vu et ce que nous avons entendu. Ce que nous avons vu : une couronne de près de cent prêtres présidés par un éminent évêque, entourant le héros de cette fête, tout son peuple accouru pour lui offrir l'hommage de sa vénération et de ses prières. Ce que nous avons entendu : des vœux ardents, des souhaits pleins de tendresse, de suaves cantiques, de mélodieuses symphonies. Tout cela fait de ce jour un grand jour dont la mémoire restera à jamais gravée dans notre souvenir.

» Ces hommages, vénéré Archiprêtre, se sont adressés à votre personne, et à tous égards elle les mérite ; mais, par vous, ils se sont adressés surtout au sacerdoce dont vous êtes depuis cinquante ans le si digne représentant. Et voilà pourquoi, appelé subitement à l'honneur de prendre la parole au milieu de cette immense assistance, je parlerai du sacerdoce, disant à sa gloire : 1° Que lui seul oriente la vie de tout homme venant en ce monde ; 2° qu'il la dirige et la soutient ; 3° qu'il la console à l'heure cruelle du trépas.

I

» Près de chaque berceau, mes Frères, Dieu a placé une mère, et la langue humaine ne saurait dire la sollicitude et l'amour dont elle entoure celui qu'elle appelle son enfant. Rien ne lui coûte de ce que réclame son cher petit être : nuits sans sommeil, privations, fatigues, elle est prête à tout, même à dépasser la limite de ses forces. En voyant grandir sous ses yeux celui qu'elle a mis au monde, elle serait tentée de croire que quelque chose de la puissance créatrice est tombé en son domaine, et que ce que reçoit son enfant d'accroissement et de force, c'est d'elle seule qu'il le tient. Cette illusion centuple encore sa tendresse. O mystère insondable de l'amour et du dévouement de la mère!

» Mais l'enfant a grandi, et bientôt le pain du corps ne saurait lui suffire. En son âme s'est allumé un flambeau, à la lueur duquel il cherche un autre aliment. Ce flambeau, c'est la raison; cet aliment, c'est la vérité.

» Et en tout temps, les enfants des hommes ont cherché ce pain de l'âme. Ecoutez le cri d'un prophète : « *Parvuli petierunt panem et non erat qui frangeret eis.* Les enfants des hommes ont demandé du pain, et il ne s'est trouvé personne pour le leur distribuer. »

» Eh quoi! faut-il penser que la terre, en ces temps, ait été frappée de stérilité, ou que le cœur des mères était insensible? Sans doute, mes Frères, Jérusalem désolée suffit pour expliquer les larmes du prophète, mais son regard a franchi l'enceinte de la ville, et la vraie famine qu'il déplore est celle qui en ces temps malheureux dévorait les âmes, famine cruelle, famine de quatre mille ans, durant laquelle les enfants des hommes cherchèrent vainement la vérité.

» Et à la lueur du premier rayonnement de son intelligence, l'enfant cherche avant tout la science de lui-même. Il dit en son cœur : Que suis-je sur cette terre? D'où viens-je? Où vais-je? Rien ne le presse davantage que la solution de ces graves questions.

» Grâce à Dieu, elle est aujourd'hui à sa portée. Que de l'école de sa mère il passe à l'école du sacerdoce, il trouvera la nourriture de son âme comme il a déjà trouvé la nourriture de son corps.

» Que suis-je? a dit l'enfant, et le sacerdoce catholique lui répond : Tu es une créature raisonnable composée d'une âme et d'un corps. D'où viens-je? a-t-il dit encore, et le sacerdoce de lui répondre : C'est Dieu qui t'a créé et mis au monde. Où vais-je enfin? Tu vas à la mort, mais après la mort le jugement, et après le jugement le ciel ou l'enfer, selon ce que tu auras mérité.

» Trois questions! trois réponses! c'en est assez! L'enfant est orienté. Il peut d'un pas ferme entrer dans le chemin de la vie.

» En voulez-vous la preuve? Je la prends en vous-mêmes, au plus intime de vos âmes. Dans cet auditoire, il en est à coup sûr qui, à certaines heures, ont été frappés par le malheur. Eh bien, j'affirme, et sans crainte d'être démenti, que si en ces heures ils se sont souvenus et de Dieu leur père, et de leur âme immortelle, et du vrai but de la vie, en un mot des leçons du sacerdoce, ils ont pu être ébranlés, ils n'ont pas été renversés.

» Que si, au contraire, le temps a effacé ces notions en notre âme, si de croyant vous êtes devenu sceptique, même au jour de la prospérité, vous n'avez eu ni la vraie sécurité ni la vraie paix, mais un trouble intérieur vous avertissant que vous n'étiez plus orienté.

» O mission sublime du sacerdoce! Et c'est ainsi qu'au sein de l'humanité, sur tous les continents, jusque dans les profondeurs des déserts, Dieu a placé, sentinelle vigilante, le prêtre catholique pour dire à tout homme à l'heure où il cherche sa voie : Prends ce chemin, lui seul mène à la patrie!

II

» J'ai dit, en second lieu, qu'après avoir ainsi fixé l'enfant sur ses destinées, le sacerdoce catholique le soutient durant tout le cours de sa vie.

» La vie humaine, mes Frères, est un chemin à parcourir. Or, sur tous les chemins sont semées des épines, et plus que partout sur le chemin de la vie.

» Où sera le remède aux égarements du cœur, aux déceptions cruelles, aux meurtrissures de l'âme? Il n'est qu'aux mains du sacerdoce, auquel par les sacrements Dieu a confié la dispensation de ses grâces.

» Ce sera une âme hier encore amie de son Dieu, aujourd'hui victime d'une illusion fatale. Comme le prodigue de l'Evangile, elle se rappelle et les joies de la famille, et les caresses de son père, et les mets délicieux qui lui étaient servis.

» Aujourd'hui, elle n'a plus que la honte, le trouble et le déchirant remords.

» Et ce triste état n'est point une conception fantaisiste de mon esprit, il est l'état réel d'une multitude d'âmes, de beaucoup d'âmes qui, sous les dehors de la quiétude, cachent le trouble le plus profond et soupirent après la douce paix qu'en perdant Dieu elles ont perdue.

» Que faut-il à ces âmes? La certitude du pardon. Et qui la leur donnera? Le sacerdoce seul, auquel il a été dit : « Les péchés seront remis à ceux auxquels vous les remettrez; tout ce que vous délierez sur la terre sera délié dans le ciel. »

» Venez donc, âmes désolées, venez, et sans honte, car une ombre épaisse entoure le tribunal de la pénitence; avouez vos fautes, déplorez vos égarements, et retirez-vous en paix, vous êtes pardonnées!

» Oh! qui pourra dire combien d'existences vouées depuis longtemps au trouble cuisant de la conscience, peut-être au désespoir, sous la douce influence du pardon, se sont relevées et ont poursuivi la route sur laquelle elles avaient été renversées.

» C'est le bienfait du sacerdoce!

» Et ce n'est pas encore tout ce qu'il peut donner. Cette âme relevée et pardonnée veut-elle une force qui la préserve des chutes futures, qui lui donne l'énergie du lion et la rende terrible au démon? Qu'elle aille encore au sacerdoce! Lui seul est le dépositaire et le dispensateur d'un trésor que le Sauveur Jésus a appelé le pain vivant, le pain descendu du ciel, le pain qui donne la vie éternelle.

» Venez donc encore, âmes défaillantes, dans le chemin de la vie, venez au pied du tabernacle, le prêtre l'ouvrira, et vous montrant l'hostie sainte, la mettant sur vos lèvres, il dira : Que le corps de N.-S. Jésus-Christ vous garde pour la vie éternelle! Ineffable union dans laquelle la faiblesse de l'homme se fortifie de la force même de Dieu!

» Le sacerdoce est donc le gardien de tout ce qui fortifie les âmes; tantôt les relevant dans leurs chutes, tantôt les affermissant dans le bien, tantôt les retenant par le souvenir des vengeances divines, tantôt les enflammant par la douce espérance du ciel. Et qui pourra jamais dire tout ce que cette influence sacerdotale, ce que ce gouvernement mystérieux des âmes au sein des sociétés prévient de maux et prépare de nobles vertus? »

III

» Le sacerdoce, enfin, après avoir orienté la vie de tout homme entrant en ce monde, l'avoir soutenu durant les jours de sa carrière mortelle, le console à l'heure du trépas.

» Mourir ! tout frissonne en l'homme à cette pensée. C'est la séparation, c'est le brisement, c'est l'effacement suprême. Et comme d'ailleurs rien n'est plus enraciné en nous que le désir de vivre, lorsque l'heure suprême approche, nous opposons à la mort tout ce que le monde a de puissance et de force.

» Oui, il est de par le monde deux forces colossales, deux forces qui ont enfanté des prodiges, deux forces auxquelles d'ordinaire rien ne résiste. Et presque toujours je les ai rencontrées au chevet du moribond disputant à la mort la proie qu'elle convoite. Ces deux forces sont la science et l'amour.

» La science observe, cherche et étudie. L'amour pleure et supplie.

» Et ces deux forces s'unissent pour repousser l'assaut de la mort. Elles s'unissent à ce point que j'ai vu l'amour aux genoux de la science proférant cette prière : « docteur, c'est mon fils ! docteur, c'est ma mère ! »

» Dernier effort de toute puissance humaine en face de la mort !

» Mais, hélas ! l'impitoyable mort continue ses ravages ; la science est vaincue, l'amour est frappé d'impuissance.

» C'est d'ordinaire à l'heure de ce combat suprême qu'intervient le sacerdoce. Le prêtre s'incline vers le malade, il murmure à ses lèvres les paroles de l'espérance chrétienne : « Mon frère, à la vie du temps qui vous échappe va succéder la vraie vie que plus rien ne pourra vous ravir. Votre corps torturé par la souffrance, vos membres que la fièvre dévore, ce n'est point vous-même, ce n'est que l'enveloppe de votre âme qui va briser sa prison et monter vers le ciel. Baisez l'image du Christ, mon frère, et recevez son pardon. »

» Et l'âme du moribond est purifiée, et le pain de vie la fortifie, et l'onction de l'huile sainte adoucit ses terreurs, et bientôt sur cette couche funèbre qu'enveloppaient déjà les ténèbres de la mort se lève comme l'aurore de l'éternelle vie.

» Voilà le sacerdoce au milieu des peuples ! Le voilà tel qu'il est sorti, il y a dix-huit siècles, du cœur compatissant de Jésus-Christ ! Voilà sa mission près de tous les hommes, mais surtout près des humbles et des petits ! Près de cette multitude qui n'est ni aux hommes, ni aux plaisirs, ni à la fortune, que les puissants du siècle bercent de vaines promesses, mais pour laquelle le lendemain est toujours semblable à la veille. Seul le sacerdoce pénètre ces cœurs déshérités, y versant avec l'onction de l'amour divin la résignation et l'espérance.

» Vénéré Archiprêtre, c'est avec assurance, que dis-je ? avec fierté que j'ai tracé devant vous ce tableau du sacerdoce, bien persuadé que chacun de mes auditeurs pouvait en contempler en votre personne le plus parfait modèle. Ils sont là tous ceux que depuis trente-quatre ans vous avez dans cette paroisse baptisés, dirigés, consolés. Ce sont vos enfants ! Et autant que cet immense édifice dilate ses flancs, il peut à peine les contenir. J'unis, en terminant, ma prière à celle du noble prince de l'Eglise qui préside cette fête, à celle de notre évêque bien-aimé qui eût tant désiré la présider lui-même, à la prière de tous ces prêtres et de tout ce peuple.

» Que par l'intercession de l'auguste Vierge Marie qui a toute votre confiance et dont l'image radieuse, selon votre pieux désir, a dominé aujourd'hui l'autel du Sacrifice, nous obtenions encore pour vous de longs et heureux jours, de féconds travaux apostoliques, la conquête de beaucoup d'âmes, et enfin la réunion au ciel du troupeau et du pasteur. Ainsi soit-il. »

Du banc d'œuvre où il se trouve avec le clergé, Mgr Coldefy adresse quelques courtes paroles, bien appréciées de tous, à ce nombreux auditoire qui se plaît à retrouver sous les insignes d'évêque le si sympathique jeune vicaire d'autrefois, et ne se lasserait pas de l'écouter.

Sa Grandeur a cessé de parler, et le clergé, rentré dans le sanctuaire, commence les cérémonies du Salut solennel présidé par M. l'Archiprêtre.

Et d'abord, avec un saisissement qui fait penser au chœur des anges du ciel, nous écoutons un ravissant *O salutaris hostia*, qui nous arrive du chœur des Enfants de Marie. Vient ensuite du grand orgue un *Ave Maria* exécuté avec âme et talent par les membres de la Société Chorale. Et chacun s'unissant à l'âme des chanteuses et des chanteurs, contemple et adore le Dieu-Hostie qui ouvre à tous les portes du ciel.

Et le vénérable Archiprêtre est monté à l'autel, et, prenant entre ses mains le riche et radieux ostensoir, il promène la bénédiction de Dieu sur l'immense assemblée qui s'incline..., se relève..., et, pleine de reconnaissance, appelle toutes les nations et tous les peuples à louer le

Seigneur qui vient de la bénir. *Laudate Dominum omnes gentes, laudate eum omnes populi.*

Au Salut solennel qui couronne si bien la belle fête, il manque un complément, un complément désiré de tous : « La voix du pasteur, les accents du père, l'effusion de » son cœur et de sa sainte joie. » Un moment on avait pu craindre d'en être privé. Le cher pasteur se refusait à monter dans la chaire ; ses vives émotions ne lui permettraient pas de parler. — On lui avait dit : Cela convient, c'est indispensable ; ne diriez-vous que quelques mots, cela fera du bien...

Et le vénérable curé est dans la chaire, mais il s'est précautionné contre une émotion prévue ; il a écrit ; il va lire, écoutons-le :

« Mes très chers Frères,

» A la fin de cette journée que vous avez faite si belle pour moi, je veux, malgré mon émotion, vous dire au moins : Merci de tout ce que vous avez fait pour honorer en mon humble personne le sacerdoce de Jésus-Christ, mon divin Maître.

» Il y a cinquante ans, au jour de mon ordination sacerdotale, à la vue de la grande transformation que le Seigneur avait opérée dans l'âme de son pauvre serviteur, je ne savais comment exprimer ma reconnaissance, et je me demandais de quelle manière je rendrais grâces à Dieu : *quid retribuam Domino?*

» Forcé, aujourd'hui, de m'arrêter un instant, pour méditer ma course déjà longue, à la vue des innombrables sacrifices offerts pendant les cinquante années de mon sacerdoce, je sens mon cœur partagé entre la crainte et la reconnaissance, et j'aurais voulu être seul devant vos saints tabernacles pour vous dire, ô mon Dieu, pardon et merci !

» Mais voilà que la multitude m'environne ! Les paroissiens que le Seigneur m'a confiés sont venus joindre leurs prières à la mienne.

» Mes frères dans le sacerdoce m'ont formé aujourd'hui une couronne plus brillante que tous les diadèmes.

» Deux pontifes, dont l'un m'honore depuis vingt ans de sa paternelle bienveillance, et dont l'autre fut mon collaborateur et mon fils, avaient voulu donner à mes Noces d'or un éclat dont je suis personnellement bien indigne. Monseigneur l'Evêque de Périgueux et de Sarlat, retenu à la dernière heure, daigne m'écrire qu'il sera de cœur et d'esprit avec ceux qui fêtent ma cinquantaine sacerdotale.

» Votre présence, Monseigneur de St-Denis, me rappelle les douces émotions du début de mon ministère à Sarlat et les sentiments affectueux qu'au milieu des charges et des grandeurs de l'épiscopat vous avez conservés à votre vieil archiprêtre. Merci de l'honneur et du plaisir que vous nous avez faits, en daignant présider la solennité de ce jour.

» L'arrivée du plus grand nombre de mes anciens vicaires est pour moi un honneur et une joie que partagent tous mes paroissiens. Ah! bien-aimés confrères, puissent mes vœux et les prières des âmes auxquelles vous avez consacré ici vos premiers soins suppléer à ce qui manqua aux exemples et aux enseignements que vous étiez en droit d'attendre de moi! Daigne le Seigneur bénir votre ministère et vous consoler au sein de vos labeurs par la vue du bien qu'il vous donnera de faire!

» Vénérés Doyens de cet arrondissement, c'est à votre initiative que je dois l'honneur rendu en ce jour à mon sacerdoce! Grâce à vous, on aura vu, en ce temps troublé, tout un peuple suspendre ses occupations pour célébrer le sacerdoce dans la personne d'un de vos vieux confrères. Cette fête sera un nouveau lien entre le père et ses enfants, et ce sera votre œuvre : soyez-en remerciés.

» Soyez aussi remerciés, prêtres originaires de la ville de Sarlat, vous que j'appellerai plus spécialement mes enfants, et qui savez si bien exprimer votre reconnaissance. Demandez au Seigneur qu'il fasse germer dans mon âme les vertus que m'a trop généreusement prêtées un des vôtres dans son émouvante allocution de ce matin.

» Et à vous, enfin, bien-aimés frères, que le Seigneur a, depuis tant d'années, confiés à mes soins, je veux dire aussi de tout cœur : Merci! J'ai bien vivement ressenti les témoignages d'affection que vous avez prodigués à votre vieux Pasteur. La foule si compacte et si pieuse qui a rempli cet édifice à la cérémonie du matin comme à celle du soir a bien droit à ma reconnaissance!

» Jeunes gens de l'Orphéon et de la fanfare *Saint-Sacerdos* qui, par vos chants et les sons harmonieux de vos instruments, avez tant ajouté à l'éclat de cette cérémonie, merci!

» Vous toutes, âmes pieuses, qui avez travaillé avec tant de zèle à parer l'église que Dieu m'a donnée pour épouse, merci!

» Tout ce jour, mes frères, vous m'avez souhaité de longues années de bonheur ! Mon pèlerinage terrestre touche peut-être à sa fin. Toujours est-il que mes jours ici-bas ne seront heureux qu'autant que nous serons unis dans l'accomplissement des préceptes divins. Puisse-t-il en être ainsi, mes frères ! Le Seigneur a promis une grande récompense à celui qui honore son père et sa mère ; j'espère qu'il bénira la paroisse qui a si généreusement fêté son Pasteur.

» Et vous, Vierge sainte, ô reine de cette fête ! daignez écouter la prière d'un vieux prêtre qui tant de fois fit descendre sur l'autel le Dieu dont vous êtes la mère !

» C'est dans votre beau mois que tout enfant je fis ma première communion ! c'est dans ce même mois qu'il y a cinquante ans je fus ordonné prêtre ! Quand je parlai pour la première fois devant les fidèles, ô Marie, c'était pour essayer de dire vos louanges ! O Mère, vous fûtes toujours mon espérance ! Daignez accorder en ce jour à mes pauvres prières, à celles de mes frères dans le sacerdoce et de tous mes paroissiens, que pas un de ceux qui me sont confiés ne périsse, mais que tous mes enfants puissent avec moi vous bénir à jamais. Ainsi-soit-il. »

Aux dernières phrases de cette touchante allocution, le cher pasteur et père est vaincu par son émotion ; les larmes coulent et les sanglots arrêtent sa voix... Il pleure... Il n'est pas seul à pleurer.

Il est rentré dans le sanctuaire, et le chœur des Enfants de Marie entonne son plus beau cantique réservé pour la fin, un fervent *Dominus conservet eum*, composé pour la circonstance, et dont le sens : « Que le Seigneur le con- » serve et lui donne une longue vie ; qu'il le rende heu- » reux sur la terre, et qu'il ne le livre pas au désir de ses » ennemis, » exprime et les sentiments et la prière de tous.

Enfin, le solennel cantique d'actions de grâces qui marque la fin de toute fête religieuse, le sublime *Te Deum* est chanté, et chacun se retire, l'âme délicieusement impressionnée de ce qu'il a vu et entendu.

« Telle a été cette journée du 27 mai.

» Elle a sa place marquée dans l'histoire religieuse de » la ville de Sarlat.

» On saura plus tard qu'en ce dernier quart du XIXe » siècle, malgré tous les efforts de la haine sectaire pour » faire détester le prêtre, on aura vu une ville tout entière » s'émouvoir, tout un peuple quitter son travail, les rangs » se confondre, les opinions se mêler pour faire fête à un » prêtre en cheveux blancs, accompagné d'autres prêtres, » presque tous formés à son école.

» Et maintenant, monsieur l'Archiprêtre, puissiez-vous » longtemps jouir de ce pacifique triomphe où Dieu a » trouvé sa gloire et vos enfants un exemple !

» Restez au milieu de ce peuple qui vous a donné un si » grand témoignage d'estime et d'affection; restez pour » lui montrer encore le réconfortant spectacle de votre » vie si bien réglée, de votre charité inaltérable, de votre » douceur, de votre mansuétude, de votre âme si humble » et si pieuse; toutes vertus qui font le prêtre modèle, » l'homme selon le cœur de Dieu ! »

APPENDICE.

Nous avons annoncé les beaux compliments en gracieuse prose et en belle poésie, adressés à M. l'Archiprêtre par les Dames de Charité, les jeunes personnes de la Congrégation des Enfants de Marie, les élèves du Pensionnat de Sainte-Claire et les enfants de la Miséricorde.

On sera bien aise de les trouver ici.

De bon cœur nous félicitons le cher Archiprêtre de les avoir mérités :

Discours prononcé par madame de Maison au nom des Dames de Charité.

« MONSIEUR LE CURÉ,

» Les Dames de Charité et les Mères Chrétiennes mettent à vos pieds l'hommage de leur reconnaissance, de leur dévouement et de leur respect. Personne mieux que nous ne ressent la joie de ce beau jour ; personne n'a plus admiré les religieuses vertus qui s'exhalent de votre cœur. Dieu soit béni pour nous avoir conservé notre Pasteur ! Puissiez-vous vivre encore au milieu de nous pendant de longues années ! Puissent nos petits enfants jouir à leur tour du bonheur de vous avoir pour père, en vous vénérant comme nous, et en s'efforçant de vous imiter »

Compliment des Enfants de Marie.

« Très vénérable Pasteur,

» La Congrégation des Enfants de Marie, dont vous êtes le fondateur, est heureuse de s'associer à la brillante cérémonie religieuse que le clergé et le peuple célèbrent aujourd'hui dans notre cité à l'occasion du cinquantième anniversaire de votre entrée dans le sacerdoce.

» Nous adressons au ciel les vœux les plus ardents, demandant à Dieu qu'il vous conserve de longs jours parmi nous, afin que nous jouissions longtemps des bienfaits de votre paternelle protection. »

Compliment des Elèves de Sainte-Claire.

« Monsieur et vénéré Archiprêtre,

Cinquante ans de travaux entrepris pour l'Église,
Cinquante ans de bienfaits sortis de votre cœur,
Voilà ce qu'en ce jour tout Sarlat solennise
Par de joyeux transports et des chants de bonheur.
Cycle sacerdotal ! Que de vœux il fait naître !
Sur les fronts, dans les yeux, quelle félicité !
On accourt prendre part aux Noces d'or d'un Prêtre
En qui du doux Jésus resplendit la bonté.
Que dans la vieille tour l'airain sacré résonne :
Que la cité s'anime et se porte au saint lieu ;
Que près de son Pasteur, se formant en couronne,
Elle dise avec lui : Merci, merci, mon Dieu !
Oh ! dans nos temps troublés le consolant spectacle !
Aujourd'hui tous les cœurs sont unis dans l'amour,
C'est la foi qui rapproche, elle fait ce miracle.
Pour tous les Sarladais, est-il un plus beau jour ?
Mais quand dans cette fête, hommage populaire,
Les prêtres et le peuple ont confondu leurs rangs,

Ne pourrions-nous pas, enfants de Sainte-Claire,
Mêler à ce concert nos timides accents?
O Père vénéré, notre reconnaissance
Veut élever la voix, redire vos bontés.
Vous aimez la jeunesse et vous aimez l'enfance,
Heureux de les sentir tout près, à vos côtés.
Ah! quand vous nous parlez, l'esprit du divin Maître,
Son regard, sa douceur, son Verbe pénétrant,
C'est Lui, dans vos discours, qui nous semble apparaître :
Même parfum, toujours même charme attirant.
Et quand vous nous quittez, votre souvenir reste,
Un souvenir béni qui soutient et rend fort.
C'est pour notre Maison comme un rayon céleste
Qui guide notre barque en nous montrant le port.
Daignent les Sacrés-Cœurs, en cette cinquantaine,
De nos cœurs acquitter la dette auprès de vous :
Qu'ils reculent bien loin tout souci, toute peine,
Tout ce qui rend les jours moins calmes et moins doux.
O Père vénéré, que sur vous ils répandent
Des dons les plus exquis l'abondante faveur!
Vivez, vivez heureux! Vos enfants le demandent
Au Très-Haut qui reçoit les vœux pleins de ferveur.
Dieu fasse que longtemps nous vous voyions encore
Arrêter sur nos fronts vos regards indulgents!
Qu'il conserve en ces lieux, où chacun vous honore,
A Sarlat son Pasteur, un Père à ses enfants! »

Compliment des Enfants de la Miséricorde.

Par une belle nuit dont les ombres brillèrent
Vers un humble berceau des anges s'inclinèrent.
Leurs beaux fronts rayonnaient, des harpes dans leurs mains,
Ils chantaient : gloire à Dieu! paix aux pauvres humains :
D'un enfant qui pleurait au sein de l'indigence,
Ces bienheureux esprits célébraient la naissance;

Et l'écho répondait au pieux Hosannah,
Par un nom trois fois saint, le nom de Jéhovah.
Or, c'était harmonie à la terre inconnue ;
Lorsqu'un brillant éclair en déchirant la nue,
Laisse voir de Jésus le nom étincelant,
Doucement balancé sur le front de l'enfant.
Au sein d'une riante et chrétienne contrée,
Qui garde des aïeux la foi pure et sacrée,
Naquit un autre enfant. Alors qu'il vit le jour,
Son nom ne fut point dit aux échos d'alentour ;
Mais pour le protéger, invisibles, les Anges
Autour de son berceau rangèrent leurs phalanges :
Car Dieu leur révélait que ce front nouveau-né,
D'un triple diadème un jour serait orné ;
Plus tard, les fils d'Olier, dans sa fleur virginale,
Guidèrent de l'enfant l'âme sacerdotale.
Docile à leurs leçons, à l'ombre de l'autel,
On la voyait grandir comme une fleur du ciel,
Et lorsque le pontife eut répandu sur elle,
Avec l'onction sainte, une grâce nouvelle,
Antoine dont le Christ devint l'unique part,
Jetait sur son image un tendre et doux regard.
Que fut le nouveau prêtre? A Sarlat de répondre.
Ses vertus, ses bienfaits ont droit de nous confondre,
Ce n'est plus un puissant, un illustre prélat
Que le Seigneur t'envoie, Eglise de Sarlat.
S'il n'a point le front ceint d'une mitre éclatante,
Sa science est profonde et sa bonté touchante :
Antoine, de nouveau, fait fleurir le désert,
Tandis qu'un champ d'apôtres à son zèle est ouvert.
Or, tour à tour apôtre, ascète, dans le temple
Où parmi ses brebis il est de tous l'exemple.
Un demi-siècle a vu ce Pasteur vénéré,
De l'amour de nous tous constamment entouré.
Père de l'orphelin, protecteur de la veuve,
Doux appui du vieillard dans les jours de l'épreuve,
Consolateur toujours du plus infortuné.

Grands, petits, riches, pauvres, à tous il s'est donné,
Glorifier son Dieu, sanctifier les âmes,
Brûler du saint amour, en répandre la flamme,
Fut de ce noble cœur la seule ambition,
Courant avec Jésus à l'immolation.
Ce ne fut point en vain, ô radieux archanges,
Que près de son berceau se tinrent vos phalanges ;
L'enfant qu'à Bethléem on vous vit adorer,
Dans notre bon Pasteur on peut le vénérer.
De grâces, de vertus, que riche est sa carrière !
Il a, comme le Christ, en passant sur la terre,
Il a semé partout le bien, et, sous ses pas,
Fuyaient jusqu'aux terreurs qu'engendre le trépas.
O, Pasteur bien-aimé, la parfaite louange,
A dit Notre-Seigneur, est celle dont la fange
N'a point encor terni la tendre pureté,
L'enfance ne sait point céler la vérité.
Je balbutie à peine, et, dans ce jour de fète
De mes plus jeunes sœurs on me fait l'interprète.
Ma tâche est difficile, aussi ma faible voix
Ne redit qu'en tremblant vos longs et saints exploits.
Mais ce que le langage est impuissant à dire,
C'est l'amour qu'à nous tous votre tendresse inspire.
Cet amour aujourd'hui dirige notre essor
Et célèbre joyeux vos belles *Noces d'or*.
O vénéré Pasteur, vivez longtemps encore
Pour le bonheur de tous ! Du feu qui vous dévore,
En notre âme épanchez les célestes ardeurs ;
Dans les sentiers du bien, guidez encor nos cœurs.
Nous, les derniers agneaux de votre bergerie,
Ne sommes point pourtant la part la moins chérie ;
Puissions-nous, en croissant sous votre œil paternel,
Embellir d'un fleuron votre couronne au ciel !

SARLAT, IMPRIMERIE MICHELET, RUE DE LA CHARITÉ.

www.ingramcontent.com/pod-product-compliance
Ingram Content Group UK Ltd.
Pitfield, Milton Keynes, MK11 3LW, UK
UKHW012109240726
13965UKWH00004B/1645